भगवान बुद्ध

किसी समय की बात है, कपिलवस्तु राज्य में राजा शुद्धोधन, रानी महामाया के साथ रहते थे। कुछ समय बाद रानी गर्भवती हुईं। गर्भावस्था में मायके जाते समय रास्ते में उनकी तबियत बिगड़ गई। इसके बाद उन्होंने राज्य से दूर लुंबिनी के प्रसिद्ध बाग में एक पुत्र को जन्म दिया। राजा-रानी ने अपने पुत्र का नाम सिद्धार्थ रखा।

दुर्भाग्यवश, पुत्र के जन्म के सात दिन बाद ही रानी की मृत्यु हो गई। रानी की मृत्यु के बाद सिद्धार्थ का लालन-पालन उनकी मौसी गौतमी ने किया।

गौतमी के पुत्र कहलाने के कारण आगे चलकर उनका दूसरा नाम *गौतम* पड़ा।

सिद्धार्थ, सुन्दर और स्वभाव के विनम्र बालक थे। एक दिन राजा के दरबार में एक विद्वान ज्योतिषी आया। उसने बालक सिद्धार्थ को देखते हुए राजा शुद्धोधन से कहा, "जैसा कि मैं देख सकता हूँ। आने वाले समय में आपका पुत्र या तो राजा बनेगा या भिखारी। कहना का मतलब है यदि राजकुमार महल में रहें तो राजा, नहीं तो भिखारी।"

उस व्यक्ति की बात सुनकर राजा परेशान हो गए। उन्होंने फैसला किया कि, वो कभी भी अपने बेटे को महल से बाहर नहीं जाने देंगे।

सिद्धार्थ एक प्रतिभाशाली बालक थे। वह स्वाभाव के दयालु, और हर किसी की फ़िक्र किया करते थे।

एक दिन सिद्धार्थ अपने चचेरे भाई देवदत्त के साथ महल के बगीचे में टहल रहे थे। तभी देवदत्त ने पास ही एक हंस को देखा, और देखते ही उस पर बाण चला दिया।

बाण लगने से हंस घायल हो गया, जिसे देखकर सिद्धार्थ घबरा गए, वो दौड़कर उसके पास पहुँच गए और उसे गोद में उठा लिया। उन्होंने उसके शरीर से बाण निकालकर उसके ज़ख्मों पर मरहम लगाया।

देवदत्त उस पक्षी को वापस चाहता था, पर सिद्धार्थ ने उसे देने से मना कर दिया। अंत में दोनों राजकुमार राजा के दरबार में पहुँचे। जहाँ उन्हें कहा गया कि पक्षी पर उसी का हक है, जिसने उसकी जान बचाई है।

समय के साथ सिद्धार्थ की उदारता और प्रतिभा के चर्चे राज्य में होने लगे।

सिद्धार्थ एक नवजवान राजकुमार थे। अन्य राज्यों के राजा व बड़े-बड़े लोग उनके लिए अपनी पुत्रियों का रिश्ता राजा शुद्धोधन के पास लेकर आते।

समय अनुकूल था, यही सोचते हुए राजा शुद्धोधन ने उनका विवाह यशोधरा नामक सुंदर कन्या से कर दिया। राजा का मानना था कि विवाह के बाद, पत्नी के मोह में पड़कर सिद्धार्थ कभी राज महल छोड़कर नही जाएँगे।

हालाँकि सिद्धार्थ अपने जीवन से असंतुष्ट थे। महल की चार दीवारों में रहकर वह ऊब चुके थे। एक दिन उन्होंने अपने सेवक चन्ना से कहा, "चलो महल के बाहर सैर करके आते हैं।"

चलते हुए सिद्धार्थ की नज़र एक बुज़ुर्ग व्यक्ति पर पड़ी, जिसकी कमर झुकी हुई थी। वह लाठी लेकर चल रहा था। सिद्धार्थ ने इससे पहले कभी इतने बूढ़े इन्सान को नहीं देखा था।

उन्होंने ने चन्ना से पूछा, "यह व्यक्ति झुककर क्यों चल रहा है?"

चन्ना ने पहले उस बूढ़े व्यक्ति की ओर देखा फिर धीरे से कहा, "यह एक बुज़ुर्ग व्यक्ति है। उम्र बढ़ने के कारण उसकी कमर झुक गई है। इसलिए ऐसे चल रहा है।"

सिद्धार्थ ने चन्ना से पूछा, *"क्या सभी लोग बूढ़े होने पर ऐसे ही हो जाते हैं?"*

"हाँ, राजकुमार यही सत्य है।" चन्ना ने बताया

यह जानने के बाद सिद्धार्थ का मन काँप उठा। माथे पर चिंता की रेखाएं लेकर, सिद्धार्थ अपने महल लौट आए।

कुछ दिन बाद सिद्धार्थ फिर से सेवक चन्ना के साथ सैर पर निकले।

इस बार उन्होंने एक बीमार आदमी को देखा, जो दर्द से कराह रहा था।

सिद्धार्थ ने सेवक चन्ना से पूछा, “इस आदमी क्या कष्ट है? यह कराह क्यों रहा है?”

चन्ना ने बताया, “राजकुमार यह आदमी बीमार है, और दर्द के कारण कराह रहा है।”

यह देखकर सिद्धार्थ ने पूछा, "क्या हर किसी को रोग होता है?"

"हाँ राजकुमार, रोग राजा-रंक, छोटा- बड़ा और स्त्री-पुरुष में भेद नहीं करता है। यह किसी को भी हो सकता है।"

चन्ना की बात सुनकर राजकुमार सोच में पड़ गए। वह दोनों कुछ आगे बढ़े ही थे कि उन्हें कुछ लोग एक शव को ले जाते हुए दिखाई पड़े।

"चन्ना यह क्या है?" राजकुमार ने पूछा

चन्ना ने समझाया, *"राजकुमार, किसी की मृत्यु हो गई है। यह लोग उसका अंतिम संस्कार करने जा रहे हैं।"*

"इस व्यक्ति की मृत्यु क्यों हो गई चन्ना?" सिद्धार्थ ने पूछा

"मृत्यु तो अटल सत्य है राजकुमार! यह तो संसार के सभी लोगों को आनी है।" चन्ना ने कहा

चन्ना की बात सुनकर सिद्धार्थ मौनकर, विचारमग्न हो गए। घोड़ा धीरे-धीरे आगे बढ़ रहा था।

तभी उन्हें एक *गेरुआ वस्त्र* पहने आदमी आता दिखाई दिया।

उसने अपने बाल मुंडवा रखे थे। तप और साधन से उसका चेहरा दमक रहा था। उसके होंठों पर स्थायी मुस्कान थी।

सिद्धार्थ ने उसे देखते हुए पूछा, "*यह मुस्कुराता हुआ महान पुरुष कौन है, चन्ना?*"

"यह तपस्वी-सन्यासी है। जो संसार के राग से अलग है। संसार में कुछ भी हो ये उससे अलग रहते हैं। यही वजह है कि ये हमेशा खुश रहते हैं।" चन्ना ने जवाब दिया।

ये सुनने के बाद राजकुमार के मन में विचार आया कि इस संसार के भोग-विलास में कुछ नहीं रखा।

उन्होंने फ़ैसला किया कि वह संसारिक मोह से अलग जीवन जियेंगे। इस विचार से उन्हें सतुष्टि मिली।

उन्होंने सत्य की खोज में निकलने का फैसला किया।

एक रात जब सिद्धार्थ की पत्नी और बेटा राहुल सो रहा था, उस समय वह अपने सेवक चन्ना के साथ महल से निकल गए।

अनोमा नदी के पार पहुँचकर उन्होंने अपनी शाही पोशाक व आभूषण उतार कर चन्ना को दे दिए।

साथ ही अपना घोड़ा *कंथक* उसे सौंपते हुए, अकेले ही महल लौट जाने का आदेश दिया।

इसके बाद उसके अपने लम्बे बाल काट दिए, और *शांति की तलाश* में आगे बढ़ गए।

घूमते हुए राजकुमार की मुलाकात एक प्रसिद्ध आचार्य से हुई, जो साधना में रत रहते थे। सिद्धार्थ ने आचर्य से साधना के गूण सीखे।

सिद्धार्थ एक पीपल के नीचे ध्यान लगाने के लिए बैठ गए। धीरे-धीरे उन्होंने ध्यान की चारों अवस्थाओं को प्राप्त कर लिया। भूत-भविष्य सभी उनके सामने चलचित्र के समान प्रकट होने लगे थे। ध्यान की यह यात्रा 14 साल बाद खत्म हुई।

इसके बाद से लोग उन्हें *'गौतम बुद्धा'* कहकर बुलाने लगे। बुद्धा ने सदा, मनुष्य के साथ-साथ, पक्षी और जानवरों के साथ भी दया का भाव रखा, और हमेशा उनका ख्याल रखा।

बुद्धा की बढ़ती प्रतिभा को देखते हुए, एक बार उनके चचेरे भाई देवदत्त ने उन पर *जंगली हाथियों* से हमला करवा दिया। हालाँकि बुद्ध के करीब पहुँचकर सभी हाथी उनके पैरों में झुक गए और उन्हें कोई हानि नहीं पहुँचाई।

गौतम बुद्ध के पाँच मूल शिष्य थे, जिन्होंने मिलकर 'संघ' की स्थापना की। ये सभी बुद्ध की शिक्षाओं और जीवन के तरीके का पालन करते थे।

इन पाँचों शिष्यों ने बुद्ध के संदेशों और शिक्षाओं को दुनियाभर में पहुँचाने में विशेष योगदान दिया।

गौतम बुद्धा ने कहा था, “मनुष्य के पास जितना है, उसमे संतुष्ट रहकर आनंद प्राप्त किया जा सकता है। साथ ही सभी के प्रति दया भाव रखकर भी आनंद की प्राप्ति हो सकती है।”

कपिलवस्तु लौटने पर उनके पिता राजा शुद्धोधन ने, उनकी पत्नी यशोधरा और बेटे राहुल ने उनका स्वागत किया।

आनंद नाम के उनके समर्पित अनुयायी थे। उन्होंने अंतिम समय तक उनकी सेवा की। बुद्ध अपने जीवन के अंत तक प्रचार करते रहे।

उनका अंतिम समय कुशीनारा में बीता। जहाँ उन्होंने हिरण्यवती नदी के तट पर अपना अंतिम उपदेश दिया।

यहाँ एक दिन उन्हें लोहार चुंद के घर से भोजन का निमंत्रण आया। निमंत्रण स्वीकार कर वह अपने अनुयायी आनंद के साथ लोहार के घर पहुँचे। जहाँ उन्होंने खीर खाई। खीर खाने से उनका स्वास्थ्य बिगड़ गया, जिसके बाद उनकी मृत्यु (महापरिनिर्वाण) हो गई।

बुद्ध के जाने के बाद आनंद ने उनकी शिक्षाओं को संरक्षित किया। आनंद बुद्ध की शिक्षाओं को प्रसारित करने में एक प्रमुख व्यक्ति बन गए।

"मैं कभी नहीं देखता कि क्या किया जा चुका हैं;
मैं हमेशा देखता हूं कि क्या किया जाना बाकी हैं।"

~गौतम बुद्धा

अनबाउंड स्क्रिप्ट का उपक्रम बुक्स

भगवान बुद्ध

प्रथम संस्करण - जनवरी, 2025

ISBN : 978-81-19745-18-0

प्रकाशक : अनबाउंड स्क्रिप्ट
2/41, अंसारी रोड,
दरियागंज, दिल्ली - 110002
वेबसाइट : www.unboundscript.com
ई-मेल : books@unboundscript.com
फोन : 011-35807601

BHAGWAN BUDDH
Retold by Kamini Gayakwad
Illustrated by Unbound Script

Printed in India

मूल्य : ₹ 199/-